¿Cómo se hace la miel de maple?

Grace Hansen

Abdo
¿CÓMO SE HACE?
Kids

Abdo Kids Jumbo es una subdivisión de Abdo Kids
abdobooks.com

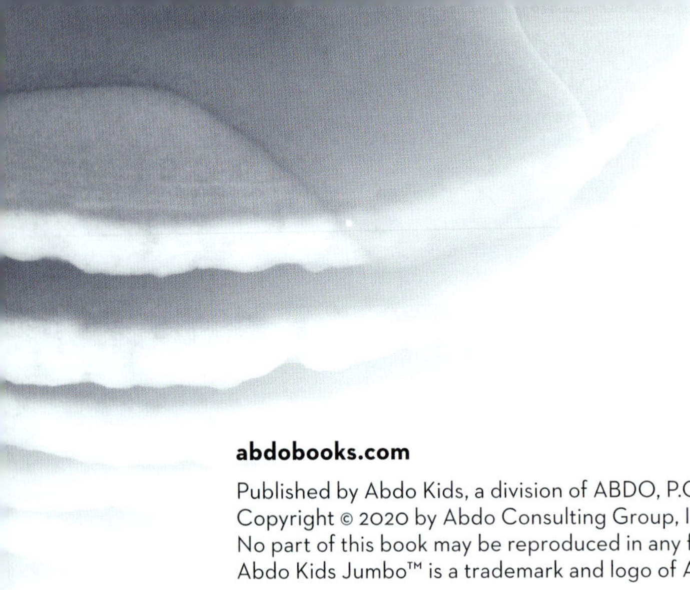

abdobooks.com

Published by Abdo Kids, a division of ABDO, P.O. Box 398166, Minneapolis, Minnesota 55439.

052019

092019

THIS BOOK CONTAINS RECYCLED MATERIALS

Spanish Translator: Maria Puchol

Photo Credits: iStock, Shutterstock

Production Contributors: Teddy Borth, Jennie Forsberg, Grace Hansen

Design Contributors: Dorothy Toth, Laura Mitchell

Library of Congress Control Number: 2018968160

Publisher's Cataloging-in-Publication Data

Names: Hansen, Grace, author.

Title: ¿Cómo se hace la miel de maple?/ by Grace Hansen.

Other title: How is maple syrup made?. Spanish

Description: Minneapolis, Minnesota : Abdo Kids, 2020. | Series: ¿Cómo se hace?

Identifiers: ISBN 9781532187490 (lib.bdg.) | ISBN 9781532188473 (ebook)

Subjects: LCSH: Maple syrup--Juvenile literature. | Manufacturing processes--Juvenile literature. | Maple syrup industry--Juvenile literature. | Discoveries in science--Juvenile literature. | Spanish language materials--Juvenile literature.

Classification: DDC 664.13--dc23

Contenido

¡Oh, Canadá! 4

Recolectar la savia. 6

En la fábrica 10

Más datos 22

Glosario 23

Índice 24

Código Abdo Kids 24

¡Oh, Canadá!

La miel de maple se hace con la **savia** de los arces. Hay arces en los Estados Unidos, ¡pero los más grandes están en Canadá!

Recolectar la savia

Un trabajador taladra un agujero en el arce. Luego introduce un **grifo** en ese agujero para que la **savia** salga por él.

Los **grifos** están conectados a una gran red de árboles y tuberías. Las tuberías corren montaña abajo. La **savia** circula por las tuberías hasta un gran recipiente grande.

En la fábrica

La **savia** del arce es poco densa y aguada. Se lleva a una planta de **evaporación**.

En la planta, la **savia** se pone en un gran depósito. La savia se calienta a más de 200°F (93°C) para que el agua **se evapore**.

Este proceso toma varias horas. La temperatura debe ser constante. Y la **savia** es oberservada frecuentemente porque si la savia se calienta por demasiado tiempo, podría **cristalizarse**.

F
260
240
220
200
180
160
140

Cuando se ha **evaporado** suficiente agua, el depósito se drena. El jarabe recién hecho, todavía caliente, **se filtra** a través de algodón.

¡El jarabe está listo para ser envasado!

La miel de maple pura se vende a menudo en botellas pequeñas. Es muy caro, ¡pero vale la pena!

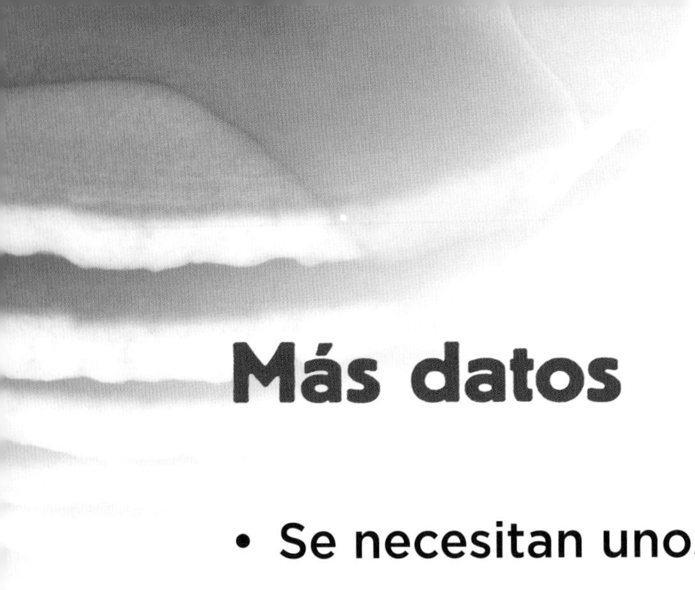

Más datos

- Se necesitan unos 40 litros (10.6 g) de **savia** para hacer 1 litro (0.26g) de miel de maple.
- El arce debe tener al menos 40 años para poder ponerle un **grifo**.
- El primer registro por escrito de humanos usando la savia de los arces como alimento data de 1606.

Glosario

cristalizarse – tomar forma y estructura de cristal.

evaporarse – convertir un líquido en vapor.

filtrar – pasar por un filtro para eliminar los sólidos de un líquido.

grifo – dispositivo para controlar el paso de un líquido.

savia – solución aguada y azucarada que corre por el interior de una planta.

Índice

arce 4, 6, 10

Canadá 4

coste 20

depósito 12, 16

envasado 18

Estados Unidos 4

filtrar 16

grifo 6, 8

planta de evaporación 10, 12, 14, 16

savia 4, 6, 8, 10, 12, 14

trabajador 6

tubería 8